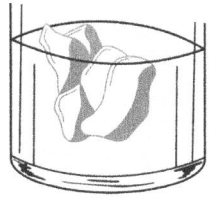

THIS CIGAR JOURNAL BELONGS TO:

Creations by Milan

Copyright © 2020 Creations By Milan

www.CreationsByMilan.com

Illustrations by Milan P.

All rights reserved. No part of this publication may be reproduced, distributed or transmitted in any form whatsoever, including photocopying, recording, or other electronic or mechanical methods without the express written permission from the author.

Brand: _____ **Date:** _'_____

Origin: Cuba   Dominican   Honduras   Nicaragua   Other: _____

Size (Length / Gauge): _____ / _____   **Rating:** _____   **Price:** _____

Duration (Smoke Time): _____   **Buy Again:** Yes   Maybe   No

Strength: | Light | Mild | Medium | Med/Full | Full |

FIFTY-FIVE
HAND-MADE PREMIUM TOBACCOS
*** AGED TO PERFECTION ***

ARTISAN SERIES // SMALL BATCH

CIGAR BLENDER: *Rocky Patel*   WRAPPER: NICARAGUA   BINDER: COSTA RICA   FILLER: NICARAGUA

SUPERIOR • MADE IN NICARAGUA • QUALITY

My Rating: ☆ ☆ ☆ ☆ ☆

Cut Method: Punch   Straight Cutter   V-cutter   Other: _____

Lighting Method: Torch Lighter   Match   Other: _____

Head: Great   Okay   Poor   Other: _____

Flavor Profile: Earthy   Spicy   Woody   Bitter   Fruity   Sweet

Paired With (drink): _____

Notes: _____

_____

_____

_____

I SMOKE IN MODERATION...
ONE CIGAR AT A TIME

Brand: _____ **Date:** 12/24

Origin: Cuba   Dominican   Honduras   Nicaragua   Other: _____

Size (Length / Gauge): _____ / _____   **Rating:** _____   **Price:** _____

Duration (Smoke Time): _____   **Buy Again:** Yes   Maybe   No

Strength: | Light | Mild | Medium | Med/Full | Full |

FLOR DE LAS ANTILLAS • MADURO
PETITE ROBUSTO
4 1/2 X 50 BP

My Rating: ☆ ☆ ☆ ☆ ☆

Cut Method: Punch   Straight Cutter   V-cutter   Other: _____

Lighting Method: Torch Lighter   Match   Other: _____

Head: Great   Okay   Poor   Other: _____

Flavor Profile: Earthy   Spicy   Woody   Bitter   Fruity   Sweet

Paired With (drink): _____

Notes: _____

_____

_____

_____

**BE HAPPY
LIGHT a
CIGAR**

Brand: _____ **Date:** 12/25

Origin: Cuba   Dominican   Honduras   Nicaragua   Other: _____

Size (Length / Gauge): 5 inches   **Rating:** ____   **Price:** 11.95

Duration (Smoke Time): _____   **Buy Again:** Yes   Maybe   No

Strength: [Light] [Mild] [(Medium)] [Med/Full] [Full]   Smoke mee Flavor mild

My Rating: ★★★☆☆

Cut Method: Punch   (Straight Cutter)   V-cutter   Other: _____

Lighting Method: (Torch Lighter)   Match   Other: _____

Head: Great   Okay   Poor   Other: _____

Flavor Profile: Earthy   Spicy   (Woody)   Bitter   Fruity   Sweet

Paired With (drink): _____

Notes: Kevin: Not favorite, easy smoking but not interesting

Bliss: Earthy and mild flavor, smoke is smooth. Ash: Mild start, flavorful and ends sharply/sad

CIGARS ARE CHEAPER THAN THERAPY

Brand:_____ **Date:** _____

Origin: Cuba   Dominican   Honduras   Nicaragua   Other: _____

Size (Length / Gauge): _____ / _____   **Rating:** _____   **Price:** _____

Duration (Smoke Time): _____   **Buy Again:** Yes   Maybe   No

Strength: | Light | Mild | Medium | Med/Full | Full |

Affix Cigar Label Here

My Rating: ☆ ☆ ☆ ☆ ☆

Cut Method: Punch   Straight Cutter   V-cutter   Other: _____

Lighting Method: Torch Lighter   Match   Other: _____

Head: Great   Okay   Poor   Other: _____

Flavor Profile: Earthy   Spicy   Woody   Bitter   Fruity   Sweet

Paired With (drink): _____

Notes: _____
_____
_____
_____

IT DOESN'T COUNT
SINCE I DON'T INHALE

Brand: _____ **Date:** _____

Origin: Cuba Dominican Honduras Nicaragua Other: _____

Size (Length / Gauge): _____ / _____ **Rating:** _____ **Price:** _____

Duration (Smoke Time): _____ **Buy Again:** Yes Maybe No

Strength: | Light | Mild | Medium | Med/Full | Full |

Affix Cigar Label Here

My Rating: ☆ ☆ ☆ ☆ ☆

Cut Method: Punch Straight Cutter V-cutter Other: _____

Lighting Method: Torch Lighter Match Other: _____

Head: Great Okay Poor Other: _____

Flavor Profile: Earthy Spicy Woody Bitter Fruity Sweet

Paired With (drink): _____

Notes: _____

_____

_____

_____

It's been a
Long
Ash Day

Brand:_____ **Date:** _____

Origin: Cuba   Dominican   Honduras   Nicaragua   Other: _____

Size (Length / Gauge): _____ / _____   **Rating:** _____   **Price:** _____

Duration (Smoke Time): _____   **Buy Again:** Yes   Maybe   No

Strength: | Light | Mild | Medium | Med/Full | Full |

Affix Cigar Label Here

My Rating: ☆ ☆ ☆ ☆ ☆

Cut Method: Punch   Straight Cutter   V-cutter   Other: _____

Lighting Method: Torch Lighter   Match   Other: _____

Head: Great   Okay   Poor   Other: _____

Flavor Profile: Earthy   Spicy   Woody   Bitter   Fruity   Sweet

Paired With (drink): _____

Notes: _____
_____
_____
_____

REAL MEN SMOKE CIGARS

Brand:_____ **Date:** _____

Origin: Cuba   Dominican   Honduras   Nicaragua   Other: _____

Size (Length / Gauge): _____ / _____   **Rating:** _____   **Price:** _____

Duration (Smoke Time): _____   **Buy Again:** Yes   Maybe   No

Strength: | Light | Mild | Medium | Med/Full | Full |

Affix Cigar Label Here

My Rating: ☆☆☆☆☆

Cut Method: Punch   Straight Cutter   V-cutter   Other: _____

Lighting Method: Torch Lighter   Match   Other: _____

Head: Great   Okay   Poor   Other: _____

Flavor Profile: Earthy   Spicy   Woody   Bitter   Fruity   Sweet

Paired With (drink):_____

Notes: _____

_____

_____

_____

STOP BOTHERING ME,
I'M SMOKING A CIGAR

Brand: _____ **Date:** _____

Origin: Cuba Dominican Honduras Nicaragua Other: _____

Size (Length / Gauge): _____ / _____ **Rating:** _____ **Price:** _____

Duration (Smoke Time): _____ **Buy Again:** Yes Maybe No

Strength: | Light | Mild | Medium | Med/Full | Full |

Affix Cigar Label Here

My Rating: ☆ ☆ ☆ ☆ ☆

Cut Method: Punch Straight Cutter V-cutter Other: _____

Lighting Method: Torch Lighter Match Other: _____

Head: Great Okay Poor Other: _____

Flavor Profile: Earthy Spicy Woody Bitter Fruity Sweet

Paired With (drink): _____

Notes: _____

_____

_____

_____

THE BACKYARD IS
MY CIGAR LOUNGE

Brand: _____ **Date:** _____

Origin: Cuba Dominican Honduras Nicaragua Other: _____

Size (Length / Gauge): _____ / _____ **Rating:** _____ **Price:** _____

Duration (Smoke Time): _____ **Buy Again:** Yes Maybe No

Strength: | Light | Mild | Medium | Med/Full | Full |

Affix Cigar Label Here

My Rating: ☆ ☆ ☆ ☆ ☆

Cut Method: Punch Straight Cutter V-cutter Other: _____

Lighting Method: Torch Lighter Match Other: _____

Head: Great Okay Poor Other: _____

Flavor Profile: Earthy Spicy Woody Bitter Fruity Sweet

Paired With (drink): _____

Notes: _____

_____

_____

_____

SOME DO YOGA,
I SMOKE CIGARS

Brand:_____ **Date:** _____

Origin: Cuba   Dominican   Honduras   Nicaragua   Other: _____

Size (Length / Gauge): _____ / _____   **Rating:** _____   **Price:** _____

Duration (Smoke Time): _____   **Buy Again:** Yes   Maybe   No

Strength: | Light | Mild | Medium | Med/Full | Full |

Affix Cigar Label Here

My Rating: ☆ ☆ ☆ ☆ ☆

Cut Method: Punch   Straight Cutter   V-cutter   Other: _____

Lighting Method: Torch Lighter   Match   Other: _____

Head: Great   Okay   Poor   Other: _____

Flavor Profile: Earthy   Spicy   Woody   Bitter   Fruity   Sweet

Paired With (drink): _____

Notes: _____

_____

_____

_____

PUFF
PUFF
RELAX

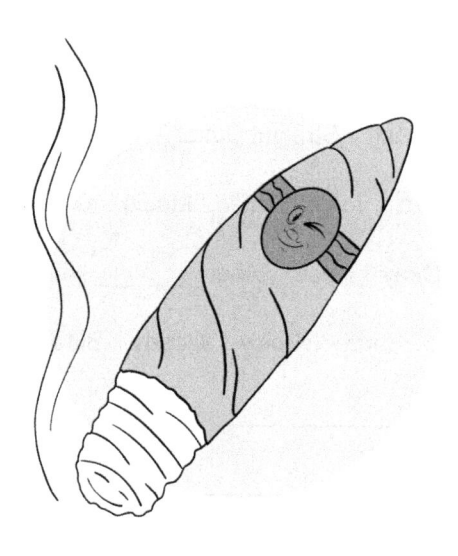

Brand: _____ **Date:** _____

Origin: Cuba   Dominican   Honduras   Nicaragua   Other: _____

Size (Length / Gauge): _____ / _____   **Rating:** _____   **Price:** _____

Duration (Smoke Time): _____   **Buy Again:** Yes   Maybe   No

Strength: | Light | Mild | Medium | Med/Full | Full |

Affix Cigar Label Here

My Rating: ☆ ☆ ☆ ☆ ☆

Cut Method: Punch   Straight Cutter   V-cutter   Other: _____

Lighting Method: Torch Lighter   Match   Other: _____

Head: Great   Okay   Poor   Other: _____

Flavor Profile: Earthy   Spicy   Woody   Bitter   Fruity   Sweet

Paired With (drink): _____

Notes: _____

_____

_____

_____

I LIGHT A CIGAR TO MAKE
THE AIR SMELL BETTER

Brand: _____ **Date:** _____

Origin: Cuba   Dominican   Honduras   Nicaragua   Other: _____

Size (Length / Gauge): _____ / _____   **Rating:** _____   **Price:** _____

Duration (Smoke Time): _____   **Buy Again:** Yes   Maybe   No

Strength: | Light | Mild | Medium | Med/Full | Full |

Affix Cigar Label Here

My Rating: ☆ ☆ ☆ ☆ ☆

Cut Method: Punch   Straight Cutter   V-cutter   Other: _____

Lighting Method: Torch Lighter   Match   Other: _____

Head: Great   Okay   Poor   Other: _____

Flavor Profile: Earthy   Spicy   Woody   Bitter   Fruity   Sweet

Paired With (drink): _____

Notes: _____

_____

_____

_____

CIGARS = RELAXATION

Brand: _____ **Date:** _____

Origin: Cuba   Dominican   Honduras   Nicaragua   Other: _____

Size (Length / Gauge): _____ / _____   **Rating:** _____   **Price:** _____

Duration (Smoke Time): _____   **Buy Again:** Yes   Maybe   No

Strength: | Light | Mild | Medium | Med/Full | Full |

Affix Cigar Label Here

My Rating: ☆ ☆ ☆ ☆ ☆

Cut Method: Punch   Straight Cutter   V-cutter   Other: _____

Lighting Method: Torch Lighter   Match   Other: _____

Head: Great   Okay   Poor   Other: _____

Flavor Profile: Earthy   Spicy   Woody   Bitter   Fruity   Sweet

Paired With (drink): _____

Notes: _____

_____

_____

_____

BE COOL,
KEEP YOUR HEAD ON

Brand: _____ **Date:** _____

Origin: Cuba   Dominican   Honduras   Nicaragua   Other: _____

Size (Length / Gauge): _____ / _____   **Rating:** _____   **Price:** _____

Duration (Smoke Time): _____   **Buy Again:** Yes   Maybe   No

Strength: | Light | Mild | Medium | Med/Full | Full |

Affix Cigar Label Here

My Rating: ☆ ☆ ☆ ☆ ☆

Cut Method: Punch   Straight Cutter   V-cutter   Other: _____

Lighting Method: Torch Lighter   Match   Other: _____

Head: Great   Okay   Poor   Other: _____

Flavor Profile: Earthy   Spicy   Woody   Bitter   Fruity   Sweet

Paired With (drink): _____

Notes: _____

_____

_____

_____

DON'T TALK TO ME
UNTIL I LIGHT UP

Brand: _____ **Date:** _____

Origin: Cuba Dominican Honduras Nicaragua Other: _____

Size (Length / Gauge): _____ / _____ **Rating:** _____ **Price:** _____

Duration (Smoke Time): _____   **Buy Again:** Yes Maybe No

Strength: | Light | Mild | Medium | Med/Full | Full |

Affix Cigar Label Here

My Rating: ☆ ☆ ☆ ☆ ☆

Cut Method: Punch Straight Cutter V-cutter Other: _____

Lighting Method: Torch Lighter Match Other: _____

Head: Great Okay Poor Other: _____

Flavor Profile: Earthy Spicy Woody Bitter Fruity Sweet

Paired With (drink): _____

Notes: _____

_____

_____

_____

Cigars,
 Never
Leave
  Home
   Without
Them!

Brand: _____ **Date:** _____

Origin: Cuba   Dominican   Honduras   Nicaragua   Other: _____

Size (Length / Gauge): _____ / _____   **Rating:** _____   **Price:** _____

Duration (Smoke Time): _____   **Buy Again:** Yes   Maybe   No

Strength: | Light | Mild | Medium | Med/Full | Full |

Affix Cigar Label Here

My Rating: ☆ ☆ ☆ ☆ ☆

Cut Method: Punch   Straight Cutter   V-cutter   Other: _____

Lighting Method: Torch Lighter   Match   Other: _____

Head: Great   Okay   Poor   Other: _____

Flavor Profile: Earthy   Spicy   Woody   Bitter   Fruity   Sweet

Paired With (drink): _____

Notes: _____

_____

_____

_____

DONUTS ARE BETTER
IN THE FORM OF SMOKE

Brand: _____ **Date:** _____

Origin: Cuba   Dominican   Honduras   Nicaragua   Other: _____

Size (Length / Gauge): _____ / _____   **Rating:** _____   **Price:** _____

Duration (Smoke Time): _____   **Buy Again:** Yes   Maybe   No

Strength: | Light | Mild | Medium | Med/Full | Full |

Affix Cigar Label Here

My Rating: ☆ ☆ ☆ ☆ ☆

Cut Method: Punch   Straight Cutter   V-cutter   Other: _____

Lighting Method: Torch Lighter   Match   Other: _____

Head: Great   Okay   Poor   Other: _____

Flavor Profile: Earthy   Spicy   Woody   Bitter   Fruity   Sweet

Paired With (drink): _____

Notes: _____

_____

_____

_____

I'M HOLDING A CIGAR SO YEAH, I'M PRETTY BUSY

Brand: _____ **Date:** _____

Origin: Cuba Dominican Honduras Nicaragua Other: _____

Size (Length / Gauge): _____ / _____ **Rating:** _____ **Price:** _____

Duration (Smoke Time): _____ **Buy Again:** Yes Maybe No

Strength: | Light | Mild | Medium | Med/Full | Full |

Affix Cigar Label Here

My Rating: ☆ ☆ ☆ ☆ ☆

Cut Method: Punch Straight Cutter V-cutter Other: _____

Lighting Method: Torch Lighter Match Other: _____

Head: Great Okay Poor Other: _____

Flavor Profile: Earthy Spicy Woody Bitter Fruity Sweet

Paired With (drink): _____

Notes: _____

_____

_____

_____

NOTHING BETTER THAN
A CIGAR AND
GOOD COMPANY

Brand:_____ **Date:** _____

Origin: Cuba   Dominican   Honduras   Nicaragua   Other: _____

Size (Length / Gauge): _____ / _____   **Rating:** _____   **Price:** _____

Duration (Smoke Time): _____   **Buy Again:** Yes   Maybe   No

Strength: | Light | Mild | Medium | Med/Full | Full |

Affix Cigar Label Here

My Rating: ☆ ☆ ☆ ☆ ☆

Cut Method: Punch   Straight Cutter   V-cutter   Other: _____

Lighting Method: Torch Lighter   Match   Other: _____

Head: Great   Okay   Poor   Other: _____

Flavor Profile: Earthy   Spicy   Woody   Bitter   Fruity   Sweet

Paired With (drink): _____

Notes: _____

_____

_____

_____

THAT'S WHAT I DO,
I SMOKE CIGARS
AND
I KNOW THINGS

Brand: _____ **Date:** _____

Origin: Cuba   Dominican   Honduras   Nicaragua   Other: _____

Size (Length / Gauge): _____ / _____ **Rating:** _____ **Price:** _____

Duration (Smoke Time): _____   **Buy Again:** Yes   Maybe   No

Strength: | Light | Mild | Medium | Med/Full | Full |

Affix Cigar Label Here

My Rating: ☆ ☆ ☆ ☆ ☆

Cut Method: Punch   Straight Cutter   V-cutter   Other: _____

Lighting Method: Torch Lighter   Match   Other: _____

Head: Great   Okay   Poor   Other: _____

Flavor Profile: Earthy   Spicy   Woody   Bitter   Fruity   Sweet

Paired With (drink): _____

Notes: _____

_____

_____

_____

I LIKE TO TALK TO MY BUDDIES THROUGH A CLOUD OF SMOKE

Brand: _____ **Date:** _____

Origin: Cuba   Dominican   Honduras   Nicaragua   Other: _____

Size (Length / Gauge): _____ / _____   **Rating:** _____   **Price:** _____

Duration (Smoke Time): _____   **Buy Again:** Yes   Maybe   No

Strength: | Light | Mild | Medium | Med/Full | Full |

Affix Cigar Label Here

My Rating: ☆ ☆ ☆ ☆ ☆

Cut Method: Punch   Straight Cutter   V-cutter   Other: _____

Lighting Method: Torch Lighter   Match   Other: _____

Head: Great   Okay   Poor   Other: _____

Flavor Profile: Earthy   Spicy   Woody   Bitter   Fruity   Sweet

Paired With (drink): _____

Notes: _____

_____

_____

_____

YOU'RE INVITED, SO KEEP CALM AND SMOKE A CIGAR

Brand: _____ **Date:** _____

Origin: Cuba   Dominican   Honduras   Nicaragua   Other: _____

Size (Length / Gauge): _____ / _____   **Rating:** _____   **Price:** _____

Duration (Smoke Time): _____   **Buy Again:** Yes   Maybe   No

Strength: | Light | Mild | Medium | Med/Full | Full |

Affix Cigar Label Here

My Rating: ☆ ☆ ☆ ☆ ☆

Cut Method: Punch   Straight Cutter   V-cutter   Other: _____

Lighting Method: Torch Lighter   Match   Other: _____

Head: Great   Okay   Poor   Other: _____

Flavor Profile: Earthy   Spicy   Woody   Bitter   Fruity   Sweet

Paired With (drink): _____

Notes: _____

_____

_____

_____

I DON'T ALWAYS SMOKE CIGARS...
OH WAIT, YES I DO

Brand: _____ **Date:** _____

Origin: Cuba Dominican Honduras Nicaragua Other: _____

Size (Length / Gauge): _____ / _____ **Rating:** _____ **Price:** _____

Duration (Smoke Time): _____ **Buy Again:** Yes Maybe No

Strength: | Light | Mild | Medium | Med/Full | Full |

Affix Cigar Label Here

My Rating: ☆ ☆ ☆ ☆ ☆

Cut Method: Punch Straight Cutter V-cutter Other: _____

Lighting Method: Torch Lighter Match Other: _____

Head: Great Okay Poor Other: _____

Flavor Profile: Earthy Spicy Woody Bitter Fruity Sweet

Paired With (drink): _____

Notes: _____

_____

_____

_____

CIGARS, THEY'RE NOT JUST FOR BREAKFAST ANYMORE

Brand: _____ **Date:** _____

Origin: Cuba Dominican Honduras Nicaragua Other: _____

Size (Length / Gauge): _____ / _____ **Rating:** _____ **Price:** _____

Duration (Smoke Time): _____ **Buy Again:** Yes Maybe No

Strength: | Light | Mild | Medium | Med/Full | Full |

Affix Cigar Label Here

My Rating: ☆ ☆ ☆ ☆ ☆

Cut Method: Punch Straight Cutter V-cutter Other: _____

Lighting Method: Torch Lighter Match Other: _____

Head: Great Okay Poor Other: _____

Flavor Profile: Earthy Spicy Woody Bitter Fruity Sweet

Paired With (drink): _____

Notes: _____

_____

_____

_____

A GOOD CIGAR IS THE
PERFECT END TO THE WEEK

Brand: _____ **Date:** _____

Origin: Cuba   Dominican   Honduras   Nicaragua   Other: _____

Size (Length / Gauge): _____ / _____   **Rating:** _____   **Price:** _____

Duration (Smoke Time): _____   **Buy Again:** Yes   Maybe   No

Strength: | Light | Mild | Medium | Med/Full | Full |

Affix Cigar Label Here

My Rating: ☆ ☆ ☆ ☆ ☆

Cut Method: Punch   Straight Cutter   V-cutter   Other: _____

Lighting Method: Torch Lighter   Match   Other: _____

Head: Great   Okay   Poor   Other: _____

Flavor Profile: Earthy   Spicy   Woody   Bitter   Fruity   Sweet

Paired With (drink): _____

Notes: _____
_____
_____
_____

KEEP CALM
ENJOY THE MOMENT

Brand:_____ **Date:** _____

Origin: Cuba   Dominican   Honduras   Nicaragua   Other: _____

Size (Length / Gauge): _____ / _____   **Rating:** _____   **Price:** _____

Duration (Smoke Time): _____   **Buy Again:** Yes   Maybe   No

Strength: | Light | Mild | Medium | Med/Full | Full |

Affix Cigar Label Here

My Rating: ☆ ☆ ☆ ☆ ☆

Cut Method: Punch   Straight Cutter   V-cutter   Other: _____

Lighting Method: Torch Lighter   Match   Other: _____

Head: Great   Okay   Poor   Other: _____

Flavor Profile: Earthy   Spicy   Woody   Bitter   Fruity   Sweet

Paired With (drink): _____

Notes: _____

_____

_____

_____

IT'S SIMPLE...
LOVE YOUR WOMAN
SAVOR YOUR WHISKEY
ENJOY YOUR CIGAR

Brand:_____ **Date:** _____

Origin: Cuba Dominican Honduras Nicaragua Other: _____

Size (Length / Gauge): _____ / _____ **Rating:** _____ **Price:** _____

Duration (Smoke Time): _____ **Buy Again:** Yes Maybe No

Strength: | Light | Mild | Medium | Med/Full | Full |

Affix Cigar Label Here

My Rating: ☆☆☆☆☆

Cut Method: Punch Straight Cutter V-cutter Other: _____

Lighting Method: Torch Lighter Match Other: _____

Head: Great Okay Poor Other: _____

Flavor Profile: Earthy Spicy Woody Bitter Fruity Sweet

Paired With (drink):_____

Notes: _____

_____

_____

_____

SAY HELLO TO MY LITTLE FRIEND

Brand: _____ **Date:** _____

Origin: Cuba   Dominican   Honduras   Nicaragua   Other: _____

Size (Length / Gauge): _____ / _____   **Rating:** _____   **Price:** _____

Duration (Smoke Time): _____   **Buy Again:** Yes   Maybe   No

Strength: | Light | Mild | Medium | Med/Full | Full |

Affix Cigar Label Here

My Rating: ☆ ☆ ☆ ☆ ☆

Cut Method: Punch   Straight Cutter   V-cutter   Other: _____

Lighting Method: Torch Lighter   Match   Other: _____

Head: Great   Okay   Poor   Other: _____

Flavor Profile: Earthy   Spicy   Woody   Bitter   Fruity   Sweet

Paired With (drink): _____

Notes: _____

_____

_____

_____

CIGAR AND SCOTCH
ENOUGH SAID

Brand: _____ **Date:** _____

Origin: Cuba   Dominican   Honduras   Nicaragua   Other: _____

Size (Length / Gauge): _____ / _____ **Rating:** _____ **Price:** _____

Duration (Smoke Time): _____ **Buy Again:** Yes   Maybe   No

Strength: | Light | Mild | Medium | Med/Full | Full |

Affix Cigar Label Here

My Rating: ☆ ☆ ☆ ☆ ☆

Cut Method: Punch   Straight Cutter   V-cutter   Other: _____

Lighting Method: Torch Lighter   Match   Other: _____

Head: Great   Okay   Poor   Other: _____

Flavor Profile: Earthy   Spicy   Woody   Bitter   Fruity   Sweet

Paired With (drink): _____

Notes: _____

_____

_____

_____

I LOVE WHEN MY WIFE LETS ME BUY CIGARS

Brand: _____ **Date:** _____

Origin: Cuba Dominican Honduras Nicaragua Other: _____

Size (Length / Gauge): _____ / _____ **Rating:** _____ **Price:** _____

Duration (Smoke Time): _____ **Buy Again:** Yes Maybe No

Strength: | Light | Mild | Medium | Med/Full | Full |

Affix Cigar Label Here

My Rating: ☆ ☆ ☆ ☆ ☆

Cut Method: Punch Straight Cutter V-cutter Other: _____

Lighting Method: Torch Lighter Match Other: _____

Head: Great Okay Poor Other: _____

Flavor Profile: Earthy Spicy Woody Bitter Fruity Sweet

Paired With (drink): _____

Notes: _____

_____

_____

_____

CIGARS SOLVE MOST OF MY PROBLEMS
WHISKEY DOES THE REST

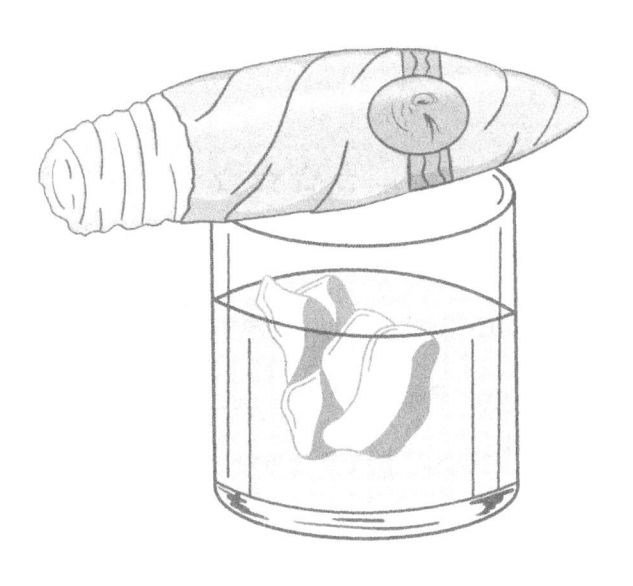

Brand:_____ **Date:**_____

Origin: Cuba Dominican Honduras Nicaragua Other:_____

Size (Length / Gauge): _____ / _____ **Rating:** _____ **Price:** _____

Duration (Smoke Time): _____ **Buy Again:** Yes Maybe No

Strength: | Light | Mild | Medium | Med/Full | Full |

Affix Cigar Label Here

My Rating: ☆ ☆ ☆ ☆ ☆

Cut Method: Punch Straight Cutter V-cutter Other:_____

Lighting Method: Torch Lighter Match Other:_____

Head: Great Okay Poor Other:_____

Flavor Profile: Earthy Spicy Woody Bitter Fruity Sweet

Paired With (drink):_____

Notes: _____

_____

_____

_____

IF YOU DON'T SMOKE CIGARS, HOW DO I KNOW I CAN TRUST YOU?

Brand: _____ **Date:** _____

Origin: Cuba Dominican Honduras Nicaragua Other: _____

Size (Length / Gauge): _____ / _____ **Rating:** _____ **Price:** _____

Duration (Smoke Time): _____ **Buy Again:** Yes Maybe No

Strength: | Light | Mild | Medium | Med/Full | Full |

Affix Cigar Label Here

My Rating: ☆ ☆ ☆ ☆ ☆

Cut Method: Punch Straight Cutter V-cutter Other: _____

Lighting Method: Torch Lighter Match Other: _____

Head: Great Okay Poor Other: _____

Flavor Profile: Earthy Spicy Woody Bitter Fruity Sweet

Paired With (drink): _____

Notes: _____

_____

_____

_____

WRAPPER. BINDER. FILLER.

Brand: _____ **Date:** _____

Origin: Cuba Dominican Honduras Nicaragua Other: _____

Size (Length / Gauge): _____ / _____ **Rating:** _____ **Price:** _____

Duration (Smoke Time): _____ **Buy Again:** Yes Maybe No

Strength: | Light | Mild | Medium | Med/Full | Full |

Affix Cigar Label Here

My Rating: ☆☆☆☆☆

Cut Method: Punch Straight Cutter V-cutter Other: _____

Lighting Method: Torch Lighter Match Other: _____

Head: Great Okay Poor Other: _____

Flavor Profile: Earthy Spicy Woody Bitter Fruity Sweet

Paired With (drink): _____

Notes: _____

_____

_____

_____

I'D RATHER BE AT THE CIGAR LOUNGE

Brand:_____ **Date:** _____

Origin: Cuba Dominican Honduras Nicaragua Other: _____

Size (Length / Gauge): _____ / _____ **Rating:** _____ **Price:** _____

Duration (Smoke Time): _____ **Buy Again:** Yes Maybe No

Strength: | Light | Mild | Medium | Med/Full | Full |

Affix Cigar Label Here

My Rating: ☆ ☆ ☆ ☆ ☆

Cut Method: Punch Straight Cutter V-cutter Other: _____

Lighting Method: Torch Lighter Match Other: _____

Head: Great Okay Poor Other: _____

Flavor Profile: Earthy Spicy Woody Bitter Fruity Sweet

Paired With (drink): _____

Notes: _____

_____

_____

_____

CIGARS & WHISKEY MAKE ME HAPPY, YOU NOT SO MUCH

Brand:_____ **Date:** _____

Origin: Cuba Dominican Honduras Nicaragua Other: _____

Size (Length / Gauge): _____ / _____ **Rating:** _____ **Price:** _____

Duration (Smoke Time): _____ **Buy Again:** Yes Maybe No

Strength: | Light | Mild | Medium | Med/Full | Full |

Affix Cigar Label Here

My Rating: ☆ ☆ ☆ ☆ ☆

Cut Method: Punch Straight Cutter V-cutter Other: _____

Lighting Method: Torch Lighter Match Other: _____

Head: Great Okay Poor Other: _____

Flavor Profile: Earthy Spicy Woody Bitter Fruity Sweet

Paired With (drink): _____

Notes: _____

_____

_____

_____

I HAVE TOO MANY CIGARS...
JUST KIDDING!

Brand:_____ **Date:** _____

Origin: Cuba   Dominican   Honduras   Nicaragua   Other: _____

Size (Length / Gauge): _____ / _____   **Rating:** _____   **Price:** _____

Duration (Smoke Time): _____   **Buy Again:** Yes   Maybe   No

Strength: | Light | Mild | Medium | Med/Full | Full |

Affix Cigar Label Here

My Rating: ☆ ☆ ☆ ☆ ☆

Cut Method: Punch   Straight Cutter   V-cutter   Other: _____

Lighting Method: Torch Lighter   Match   Other: _____

Head: Great   Okay   Poor   Other: _____

Flavor Profile: Earthy   Spicy   Woody   Bitter   Fruity   Sweet

Paired With (drink):_____

Notes: _____
_____
_____
_____

EVERYONE NEEDS SOMETHING
TO BELIEVE IN!
I BELIEVE I'LL HAVE ANOTHER CIGAR

Brand: _____ **Date:** _____

Origin: Cuba   Dominican   Honduras   Nicaragua   Other: _____

Size (Length / Gauge): _____ / _____   **Rating:** _____   **Price:** _____

Duration (Smoke Time): _____   **Buy Again:** Yes   Maybe   No

Strength: | Light | Mild | Medium | Med/Full | Full |

Affix Cigar Label Here

My Rating: ☆ ☆ ☆ ☆ ☆

Cut Method: Punch   Straight Cutter   V-cutter   Other: _____

Lighting Method: Torch Lighter   Match   Other: _____

Head: Great   Okay   Poor   Other: _____

Flavor Profile: Earthy   Spicy   Woody   Bitter   Fruity   Sweet

Paired With (drink): _____

Notes: _____

_____

_____

_____

CIGARS AND WHISKEY
MAKE ME FRISKY

Brand:_____ **Date:** _____

Origin: Cuba Dominican Honduras Nicaragua Other: _____

Size (Length / Gauge): _____ / _____ **Rating:** _____ **Price:** _____

Duration (Smoke Time): _____ **Buy Again:** Yes Maybe No

Strength: | Light | Mild | Medium | Med/Full | Full |

Affix Cigar Label Here

My Rating: ☆ ☆ ☆ ☆ ☆

Cut Method: Punch Straight Cutter V-cutter Other: _____

Lighting Method: Torch Lighter Match Other: _____

Head: Great Okay Poor Other: _____

Flavor Profile: Earthy Spicy Woody Bitter Fruity Sweet

Paired With (drink):_____

Notes: _____

_____

_____

_____

CIGARS. WHISKEY. WOMEN.

Brand: _____ **Date:** _____

Origin: Cuba Dominican Honduras Nicaragua Other: _____

Size (Length / Gauge): _____ / _____ **Rating:** _____ **Price:** _____

Duration (Smoke Time): _____ **Buy Again:** Yes Maybe No

Strength: | Light | Mild | Medium | Med/Full | Full |

Affix Cigar Label Here

My Rating: ☆☆☆☆☆

Cut Method: Punch Straight Cutter V-cutter Other: _____

Lighting Method: Torch Lighter Match Other: _____

Head: Great Okay Poor Other: _____

Flavor Profile: Earthy Spicy Woody Bitter Fruity Sweet

Paired With (drink): _____

Notes: _____

_____

_____

_____

THE CIGAR IN MY HAND
MEANS LEAVE ME ALONE

Brand: _____ **Date:** _____

Origin: Cuba   Dominican   Honduras   Nicaragua   Other: _____

Size (Length / Gauge): _____ / _____   **Rating:** _____   **Price:** _____

Duration (Smoke Time): _____   **Buy Again:** Yes   Maybe   No

Strength: | Light | Mild | Medium | Med/Full | Full |

Affix Cigar Label Here

My Rating: ☆ ☆ ☆ ☆ ☆

Cut Method: Punch   Straight Cutter   V-cutter   Other: _____

Lighting Method: Torch Lighter   Match   Other: _____

Head: Great   Okay   Poor   Other: _____

Flavor Profile: Earthy   Spicy   Woody   Bitter   Fruity   Sweet

Paired With (drink): _____

Notes: _____
_____
_____
_____

WHISKEY & CIGAR: SIP. PUFF. REPEAT.

Brand: _____ **Date:** _____

Origin: Cuba   Dominican   Honduras   Nicaragua   Other: _____

Size (Length / Gauge): _____ / _____   **Rating:** _____   **Price:** _____

Duration (Smoke Time): _____   **Buy Again:** Yes   Maybe   No

Strength: | Light | Mild | Medium | Med/Full | Full |

Affix Cigar Label Here

My Rating: ☆ ☆ ☆ ☆ ☆

Cut Method: Punch   Straight Cutter   V-cutter   Other: _____

Lighting Method: Torch Lighter   Match   Other: _____

Head: Great   Okay   Poor   Other: _____

Flavor Profile: Earthy   Spicy   Woody   Bitter   Fruity   Sweet

Paired With (drink): _____

Notes: _____

_____

_____

_____

TORCH THAT BAD BOY UP!

Brand: _____ **Date:** _____

Origin: Cuba   Dominican   Honduras   Nicaragua   Other: _____

Size (Length / Gauge): _____ / _____   **Rating:** _____   **Price:** _____

Duration (Smoke Time): _____   **Buy Again:** Yes   Maybe   No

Strength: | Light | Mild | Medium | Med/Full | Full |

Affix Cigar Label Here

My Rating: ☆ ☆ ☆ ☆ ☆

Cut Method: Punch   Straight Cutter   V-cutter   Other: _____

Lighting Method: Torch Lighter   Match   Other: _____

Head: Great   Okay   Poor   Other: _____

Flavor Profile: Earthy   Spicy   Woody   Bitter   Fruity   Sweet

Paired With (drink): _____

Notes: _____

_____

_____

_____

IT'S LIT

Brand:_____ **Date:** _____

Origin: Cuba   Dominican   Honduras   Nicaragua   Other: _____

Size (Length / Gauge): _____ / _____   **Rating:** _____   **Price:** _____

Duration (Smoke Time): _____   **Buy Again:** Yes   Maybe   No

Strength: | Light | Mild | Medium | Med/Full | Full |

Affix Cigar Label Here

My Rating: ☆ ☆ ☆ ☆ ☆

Cut Method: Punch   Straight Cutter   V-cutter   Other: _____

Lighting Method: Torch Lighter   Match   Other: _____

Head: Great   Okay   Poor   Other: _____

Flavor Profile: Earthy   Spicy   Woody   Bitter   Fruity   Sweet

Paired With (drink): _____

Notes: _____

_____

_____

_____

NOTHING MORE SOPHISTICATED THAN HOLDING A LIT CIGAR.

Brand:_____ **Date:** _____

Origin: Cuba Dominican Honduras Nicaragua Other: _____

Size (Length / Gauge): _____ / _____ **Rating:** _____ **Price:** _____

Duration (Smoke Time): _____ **Buy Again:** Yes Maybe No

Strength: | Light | Mild | Medium | Med/Full | Full |

Affix Cigar Label Here

My Rating: ☆☆☆☆☆

Cut Method: Punch Straight Cutter V-cutter Other: _____

Lighting Method: Torch Lighter Match Other: _____

Head: Great Okay Poor Other: _____

Flavor Profile: Earthy Spicy Woody Bitter Fruity Sweet

Paired With (drink): _____

Notes: _____

_____

_____

_____

KEEP YOUR FRIENDS CLOSE
AND YOUR SCOTCH CLOSER

Brand: _____ **Date:** _____

Origin: Cuba   Dominican   Honduras   Nicaragua   Other: _____

Size (Length / Gauge): _____ / _____   **Rating:** _____   **Price:** _____

Duration (Smoke Time): _____   **Buy Again:** Yes   Maybe   No

Strength: | Light | Mild | Medium | Med/Full | Full |

Affix Cigar Label Here

My Rating: ☆ ☆ ☆ ☆ ☆

Cut Method: Punch   Straight Cutter   V-cutter   Other: _____

Lighting Method: Torch Lighter   Match   Other: _____

Head: Great   Okay   Poor   Other: _____

Flavor Profile: Earthy   Spicy   Woody   Bitter   Fruity   Sweet

Paired With (drink): _____

Notes: _____

_____

_____

_____

I SEE A CIGAR IN YOUR HAND.
CAN WE BE FRIENDS?

Brand: _____ **Date:** _____

Origin: Cuba Dominican Honduras Nicaragua Other: _____

Size (Length / Gauge): _____ / _____ **Rating:** _____ **Price:** _____

Duration (Smoke Time): _____ **Buy Again:** Yes Maybe No

Strength: | Light | Mild | Medium | Med/Full | Full |

Affix Cigar Label Here

My Rating: ☆☆☆☆☆

Cut Method: Punch Straight Cutter V-cutter Other: _____

Lighting Method: Torch Lighter Match Other: _____

Head: Great Okay Poor Other: _____

Flavor Profile: Earthy Spicy Woody Bitter Fruity Sweet

Paired With (drink): _____

Notes: _____

_____

_____

_____

IMAGINE LIFE WITHOUT CIGARS.
NOW SLAP YOURSELF
AND NEVER DO IT AGAIN

Brand: _____ **Date:** _____

Origin: Cuba   Dominican   Honduras   Nicaragua   Other: _____

Size (Length / Gauge): _____ / _____   **Rating:** _____   **Price:** _____

Duration (Smoke Time): _____   **Buy Again:** Yes   Maybe   No

Strength: | Light | Mild | Medium | Med/Full | Full |

Affix Cigar Label Here

My Rating: ☆ ☆ ☆ ☆ ☆

Cut Method: Punch   Straight Cutter   V-cutter   Other: _____

Lighting Method: Torch Lighter   Match   Other: _____

Head: Great   Okay   Poor   Other: _____

Flavor Profile: Earthy   Spicy   Woody   Bitter   Fruity   Sweet

Paired With (drink): _____

Notes: _____

_____

_____

_____

LIGHT A CIGAR AND SEE
THE TENSION MELT AWAY

Brand: _____ **Date:** _____

Origin: Cuba   Dominican   Honduras   Nicaragua   Other: _____

Size (Length / Gauge): _____ / _____   **Rating:** _____   **Price:** _____

Duration (Smoke Time): _____   **Buy Again:** Yes   Maybe   No

Strength: | Light | Mild | Medium | Med/Full | Full |

Affix Cigar Label Here

My Rating: ☆ ☆ ☆ ☆ ☆

Cut Method: Punch   Straight Cutter   V-cutter   Other: _____

Lighting Method: Torch Lighter   Match   Other: _____

Head: Great   Okay   Poor   Other: _____

Flavor Profile: Earthy   Spicy   Woody   Bitter   Fruity   Sweet

Paired With (drink): _____

Notes: _____

_____

_____

_____

I JUST WANT TO
SMOKE CIGARS,
DRINK WHISKEY,
AND RELAX

Brand:_____ **Date:** _____

Origin: Cuba   Dominican   Honduras   Nicaragua   Other: _____

Size (Length / Gauge): _____ / _____   **Rating:** _____   **Price:** _____

Duration (Smoke Time): _____   **Buy Again:** Yes   Maybe   No

Strength: | Light | Mild | Medium | Med/Full | Full |

Affix Cigar Label Here

My Rating: ☆☆☆☆☆

Cut Method: Punch   Straight Cutter   V-cutter   Other: _____

Lighting Method: Torch Lighter   Match   Other: _____

Head: Great   Okay   Poor   Other: _____

Flavor Profile: Earthy   Spicy   Woody   Bitter   Fruity   Sweet

Paired With (drink):_____

Notes: _____

_____

_____

_____

TOO MUCH OF ANYTHING IS BAD, BUT TOO MUCH GOOD SCOTCH IS BARELY ENOUGH.

Brand: _____ **Date:** _____

Origin: Cuba Dominican Honduras Nicaragua Other: _____

Size (Length / Gauge): ____ / ____ **Rating:** ____ **Price:** _____

Duration (Smoke Time): _____ **Buy Again:** Yes Maybe No

Strength: | Light | Mild | Medium | Med/Full | Full |

Affix Cigar Label Here

My Rating: ☆ ☆ ☆ ☆ ☆

Cut Method: Punch Straight Cutter V-cutter Other: _____

Lighting Method: Torch Lighter Match Other: _____

Head: Great Okay Poor Other: _____

Flavor Profile: Earthy Spicy Woody Bitter Fruity Sweet

Paired With (drink): _____

Notes: _____

_____

_____

_____

WHEN ALL ELSE FAILS...
SMOKE A GOOD CIGAR AND HAVE A STIFF DRINK.
IF THAT DOESN'T WORK, HAVE ANOTHER.

Brand: _____ **Date:** _____

Origin: Cuba Dominican Honduras Nicaragua Other: _____

Size (Length / Gauge): _____ / _____ **Rating:** ____ **Price:** _____

Duration (Smoke Time): _____ **Buy Again:** Yes Maybe No

Strength: | Light | Mild | Medium | Med/Full | Full |

Affix Cigar Label Here

My Rating: ☆ ☆ ☆ ☆ ☆

Cut Method: Punch Straight Cutter V-cutter Other: _____

Lighting Method: Torch Lighter Match Other: _____

Head: Great Okay Poor Other: _____

Flavor Profile: Earthy Spicy Woody Bitter Fruity Sweet

Paired With (drink): _____

Notes: _____

_____

_____

_____

KICK BACK

&

SMOKE A CIGAR WITH ME

Brand: _____ **Date:** _____

Origin: Cuba   Dominican   Honduras   Nicaragua   Other: _____

Size (Length / Gauge): _____ / _____   **Rating:** _____   **Price:** _____

Duration (Smoke Time): _____   **Buy Again:** Yes   Maybe   No

Strength: | Light | Mild | Medium | Med/Full | Full |

Affix Cigar Label Here

My Rating: ☆ ☆ ☆ ☆ ☆

Cut Method: Punch   Straight Cutter   V-cutter   Other: _____

Lighting Method: Torch Lighter   Match   Other: _____

Head: Great   Okay   Poor   Other: _____

Flavor Profile: Earthy   Spicy   Woody   Bitter   Fruity   Sweet

Paired With (drink): _____

Notes: _____

_____

_____

_____

CUT. LIGHT. PUFF.

Brand: _____ **Date:** _____

Origin: Cuba Dominican Honduras Nicaragua Other: _____

Size (Length / Gauge): _____ / _____ **Rating:** _____ **Price:** _____

Duration (Smoke Time): _____ **Buy Again:** Yes Maybe No

Strength: | Light | Mild | Medium | Med/Full | Full |

Affix Cigar Label Here

My Rating: ☆ ☆ ☆ ☆ ☆

Cut Method: Punch Straight Cutter V-cutter Other: _____

Lighting Method: Torch Lighter Match Other: _____

Head: Great Okay Poor Other: _____

Flavor Profile: Earthy Spicy Woody Bitter Fruity Sweet

Paired With (drink): _____

Notes: _____

_____

_____

_____

BE A GOOD PERSON,
TEACH SOMEONE ABOUT CIGARS

Brand: _____ **Date:** _____

Origin: Cuba   Dominican   Honduras   Nicaragua   Other: _____

Size (Length / Gauge): _____ / _____ **Rating:** _____ **Price:** _____

Duration (Smoke Time): _____ **Buy Again:** Yes   Maybe   No

Strength: | Light | Mild | Medium | Med/Full | Full |

Affix Cigar Label Here

My Rating: ☆ ☆ ☆ ☆ ☆

Cut Method: Punch   Straight Cutter   V-cutter   Other: _____

Lighting Method: Torch Lighter   Match   Other: _____

Head: Great   Okay   Poor   Other: _____

Flavor Profile: Earthy   Spicy   Woody   Bitter   Fruity   Sweet

Paired With (drink): _____

Notes: _____

_____

_____

_____

THANK YOU!

NOW GO BUY ANOTHER COPY FOR YOURSELF, YOUR FRIEND, NEIGHBOR, UNCLE, CO-WORKER, FRIEND'S COLLEGE ROOMMATE, DAD'S FISHING BUDDY.

Just kidding... Sort of.

FOR OTHER BOOKS...

www.CreationsByMilan.com

Creations by Milan

Made in the USA
Middletown, DE
22 October 2020